ANNIE BESANT

PROBLÈMES DE SOCIOLOGIE

La perfection certaine, voilà l'espoir éternel de l'Humanité.

A. BESANT.

PARIS
PUBLICATIONS THÉOSOPHIQUES
4, Square Rapp (7e)

1919

PRIX : 2 francs.

PROBLÈMES DE SOCIOLOGIE

PROBLÈMES DE SOCIOLOGIE

ANNIE BESANT

PROBLÈMES DE SOCIOLOGIE

La perfection certaine, voilà l'espoir éternel de l'Humanité.

A. Besant.

PARIS
PUBLICATIONS THÉOSOPHIQUES
4, Square Rapp (7e)

1919

PROBLÈMES DE SOCIOLOGIE

Peu de questions, sauf, peut-être, celles qui se rapportent à la religion, ont soulevé des discussions aussi chaudes que celles qui ont trait à la sociologie. Les enthousiastes d'une école quelconque ne voient rien de bon et admettent tout juste l'existence de l'honnêteté courante chez les enthousiastes d'une autre école. La folie ou la fourberie, l'ignorance voulue ou invétérée, sont considérées comme constituant la seule explication admissible des idées qui sont en antagonisme avec celles que chérit l'orateur. — « Certainement, aucune personne convenable ne peut être socialiste, dit l'un. — Certainement, dit l'autre, tout être humain ne peut être que socialiste ». Ainsi de suite, avec toutes les oppositions qui divisent la sociologie.

Inutile de dire qu'ici, comme partout ailleurs, ceux qui poussent les choses à l'extrême ont tort et que la vérité se trouve dans le juste milieu. Aucune des grandes écoles de sociologie n'est basée sur une erreur fondamentale, mais, au contraire, chacune d'elles a pour base une vérité partielle ; chacune manifeste un aspect de la vérité, nécessaire au bien-être social, et en nie les autres aspects à cause des capacités limitées de ceux qui expliquent cette vérité partielle. On peut fort bien excuser l'ardeur dont les combattants font preuve en raison du but à atteindre, car la sociologie traite du bonheur extérieur de tous les peuples, de leur situation, de leur bien-être, de leur confort et de leur vie journalière. Quelques personnes, poussées par une profonde sympathie pour les souffrances qu'elles ont sous les yeux, se lanceront tête baissée sur n'importe quelle voie qui laisse entrevoir un soulagement immédiat ; d'autres, qui sont plus clairvoyantes et soupçonnent l'existence de dangers cachés s'opposent violemment à toutes réformes, de crainte que, tout en procurant un bien passager, elles n'aient pour résultat final d'aggraver encore le mal. Ces deux tendances sont profondément enracinées dans la nature humaine, et leur mise en jeu sert la cause de l'évolution graduelle. Séparées dans leur action comme elles le sont généralement, elles tendent à hâter les catastrophes sociales. Lorsque nous étudions l'histoire de l'humanité, nous éprouvons souvent de la difficulté à dire qu'elle est celle de ces deux classes — celle des gens qui veulent du changement à tout prix ou celle des gens qui veulent à tout prix le maintien du statu quo — qui a le plus contribué aux révolutions ; si celles-ci ont été surtout provoquées par les violentes déclamations des apôtres du changement, ou par l'entêtement obstiné de ceux qui refusent de modifier en quoi que ce soit les circonstances changeantes au milieu desquelles l'homme vit. Si les deux forces pouvaient être réunies dans une coopération harmonieuse, le progrès deviendrait immédiatement rapide et sûr, mais tant que nos facultés resteront ainsi limitées qu'elles le sont aujourd'hui, il est probable que l'élan irréfléchi qui pousse en avant, et la retraite précipitée, continueront à se succéder alternativement dans les affaires sociales.

Aucune personne au cœur et au cerveau développés ne peut jeter un regard sur les conditions sociales modernes sans être frappée par l'ineptie intellectuelle et la fausse morale dont l'état actuel des nations est la conséquence. Au lieu de l'ordre, le désordre ; au lieu du gouvernement, l'anarchie, voilà ce que nous voyons de tous côtés, et nous constatons partout l'inquiétude et le mécontentement, éloquents témoins de l'échec de la civilisation moderne.

L'air est rempli de murmures confus, de plaintes inarticulées, et en dépit des efforts des désintéressés et de la sensibilité croissante de la conscience sociale, la haine qui naît d'un vague sentiment d'injustice se trouve face à face avec la répression, fille de la suspicion. La fraternité, qui est un fait dans la nature, est journellement contredite et répudiée dans la vie sociale, et le frottement créé par ce dédain des lois naturelles, menace de se transformer en flammes qui consumeront la société et déblaieront le terrain en vue d'une nouvelle tentative de créer une civilisation, ou même, si les hommes sont suffisamment évolués, en vue de l'édification d'un système qui soit en accord avec les faits.

Tout le monde est d'accord pour reconnaître que l'état actuel des choses n'est pas satisfaisant et ce qui domine dans ce siècle, ce sont les projets de changement. On peut classer ces projets en trois catégories : les projets politiques, qui traitent de l'organisation extérieure de la société ; les projets économiques, qui ont trait à la production et à la répartition des richesses, et par conséquent à la propriété des moyens de production ; puis vers la fin du siècle, la solution théosophique, qui traite des principes généraux qui constituent la base de toutes les relations humaines.

Les politiciens s'occupent de la société, et les remèdes politiques ne peuvent s'adresser qu'aux conditions extérieures qui peuvent être réglées par la législation. Néanmoins, une question d'une haute importance se rattache à cette catégorie, c'est celle de la source de l'autorité qui dirige les affaires nationales.

Un très grand parti, dont l'importance va croissant et qui compte dans son sein un grand nombre des jeunes penseurs les plus intelligents de notre époque, tourne absolument le dos à la politique en déclarant que l'organisation politique n'est pas la cause des complications actuelles. Ces penseurs déclarent que nous ne nous débarrasserons jamais des causes de nos soucis — la pauvreté, l'ignorance, l'antagonisme des classes, la lutte incessante entre le capital et le travail — en les traitant au point de vue politique ; qu'au-dessous de la base politique se trouve la base économique, et que la politique ne peut traiter les choses que superficiellement. Que l'organisation politique soit aussi bonne que l'intelligence de l'homme puisse l'imaginer, et la misère n'en subsistera pas moins si le système économique est défectueux.

Un troisième groupe, peu nombreux pour le moment, assure que même lorsque nous aurons atteint la base économique nous ne toucherons pas encore au roc qui sert d'assises à la société. Ils admettent que les économistes approfondissent davantage les questions qui agitent le monde politique, mais ils prétendent qu'il y a derrière quelque chose de plus que les systèmes politiques et économiques, et que c'est la nature humaine. Ils disent que tant que la nature humaine ne sera pas comprise, avec ses tendances fondamentales et indéracinables, tant qu'une étude n'aura pas été faite de l'homme, en tant qu'homme, comme individu aussi bien que dans ses relations sociales avec ses pareils, de l'homme dans le passé, dans le présent et dans l'avenir, avec ses faiblesses et ses facultés ; tant que l'on n'aura pas fait cela, nous ne serons jamais capables d'édifier une société durable. Les meilleurs systèmes politiques et économiques seront brisés s'ils ont été conçus sans tenir compte des lois fondamentales en vertu desquelles l'humanité évolue, exactement comme l'édifice le mieux compris s'effondrerait si le terrain sur lequel il est bâti venait à céder. Les gens qui parlent de cette façon sont généralement appelés des Théosophes. Tous les Théosophes seraient certainement d'accord sur ce point, quelle que puisse être la divergence de leurs opinions en ce qui concerne les systèmes politiques et économiques actuels. Qu'ils s'occupent ou non des questions politiques ou sociales, ils les considèrent toujours comme étant subordonnées à celle qui constitue pour eux la base — une idée large de l'humanité comme étant composée d'âmes qui évoluent durant de longues époques sous l'empire d'une loi précise qui gouverne leur croissance. Ils reconnaissent, par conséquent, la nécessité de bien comprendre, avant tout, la constitution de la nature humaine et les conditions qui sont nécessaires à son évolution.

En tout cas, les enseignements théosophiques se prêtent avec une force toute particulière à l'élucidation des problèmes que la politique et l'économie sociale suscitent elles-mêmes. La théorie théosophique de la vie doit modifier profondément l'atmosphère à travers laquelle ces problèmes sont vus, puisqu'elle représente les hommes comme des âmes qui évoluent — quelles que soient du reste les conditions politiques et économiques au milieu desquelles elles aient pu venir au monde à un moment donné — et qui reviennent sans cesse dans ce monde, héritant de leur passé et édifiant leur futur tout en vivant leur présent. Les enseignements théosophiques portant plus loin qu'aucun système politique ou économique, tant dans la direction du passé que dans celle de l'avenir, parlent de l'homme comme d'une entité qui évolue, qui crée son entourage futur par son activité présente, et qui modifie son milieu actuel d'après la place qu'elle occupe dans le plan de l'évolution.

La théosophie applique à la société le principe de l'évolution plus radicalement que ne le fait aucune école de penseurs, car elle ne se borne pas à voir dans la société un organisme qui évolue — comme le font bien d'autres — mais y voit encore un organisme qui évolue et qui est composé d'âmes qui, elles aussi évoluent pareillement. Ceux pour qui chaque homme évolue pendant des millions d'années, doivent nécessairement considérer les plans politique et économique comme partiels et temporaires — comme locaux et communaux, si l'on peut s'exprimer ainsi. Tout système politique et économique ne peut représenter qu'une phase passagère de la vaste évolution de l'humanité. Aussi le Théosophe est-il porté à adopter une attitude paisible vis-à-vis des différents partis adverses de l'Etat ; il n'est pas enclin à se lancer impétueusement à la suite de l'un ou de l'autre, mais constate que chacun d'eux renferme un principe nécessaire au bien-être général et qui sert de véhicule temporaire à une tendance fondamentale de la nature humaine. Il comprend que la solution des problèmes dépendra du sage mélange des principes et des méthodes qui luttent actuellement entre eux, de façon à ce que l'expérience totale de l'humanité puisse servir à bâtir l'édifice social.

Pour éviter toute erreur, il serait bon de faire remarquer que les enseignements théosophiques qui traitent de la sociologie n'ont pas été clairement exposés, et que toute tentative de le faire serait certainement colorée par les idiosyncrasies du penseur qui s'en chargerait. Tout ce que l'on peut faire jusqu'à présent, c'est d'indiquer certains points saillants, et de tenter un effort pour appliquer ces principes généraux aux problèmes actuels ; grâce à l'aide que nous fournit l'histoire du passé, telle qu'elle nous est enseignée par la Théosophie, et grâce à la mise en lumière des côtés occultes de la nature par les enseignements théosophiques, il serait possible de dégager de l'ombre les conditions que nécessiterait une solution satisfaisante et de découvrir la vraie place et le fonctionnement des tendances qui sont maintenant en lutte et qu'il faudrait harmoniser. Le politicien, conservateur ou libéral, l'économiste, socialiste ou individualiste, représentent chacun des facteurs nécessaires de l'évolution sociale et l'homme qui pourrait les utiliser tous, en mettant chacun à sa place et en les maintenant tous dans un équilibre stable, serait un véritable sauveur de la société.

Cette œuvre, nous dit-on, fut accomplie jadis par les Rois Initiés qui, à des époques reculées, donnèrent à l'humanité ses premières leçons de constitution sociale, et il pourrait se faire — et même le moment en viendra sûrement — qu'au cours d'un nouvel Age d'Or cette œuvre fut accomplie de nouveau, d'une façon mieux appropriée à des âmes plus hautement développées et à une humanité sortie de l'enfance pour entrer dans l'âge viril.

La société doit encore être basée sur la reconnaissance des lois fondamentales de la fraternité, de la réincarnation et du karma, car seules elles peuvent unir le progrès à l'ordre, distribuer les fonctions sociales avec justice et assurer l'abondance des biens matériels en même temps que leur juste répartition. L'ignorance de ces lois a donné naissance à l'anarchie, leur connaissance assurera un gouvernement équitable et la satisfaction qui a sa source dans la justice.

*
* *

Considérons d'abord le problème politique : Quel devrait être le gouverment d'une nation ; que devrait être son organisation extérieure ? Un grand nombre de penseurs, cependant moins nombreux maintenant qu'ils ne l'étaient au commencement de ce siècle, se consacrent surtout à la politique, estimant que l'ordre politique est le facteur essentiel du bonheur national. En étudiant le côté politique nous écartons pour un moment le côté économique, afin d'être plus claire, et nous nous en tiendrons à la préparation des moyens qui permettront à la loi d'agir dans la nation. Nous n'avons pas à nous occuper ici de détails, comme par exemple des divers partis politiques d'une époque quelconque, ou de la lutte que soutiennent deux ou plusieurs groupes qui se disputent la direction du gouvernement d'un pays ; notre étude porte seulement sur la question fondamentale de l'organisation nationale : « Où se trouve la base fondamentale du gouvernement, la source de l'autorité » ?

On peut en principe, répondre à cette question de l'une des deux manières suivantes ; quelque nombreux que puissent être les qualificatifs dont on enveloppe la réponse, on peut toujours finir par la ramener à l'une de ces deux idées fondamentales — l'idée de la monarchie, ou celle de la démocratie. En Occident, pour le moment, l'autorité est supposée avoir sa source soit dans un monarchie limitée, soit dans une démocratie limitée, ce qui constitue un compromis évident, un état transitoire. Sous ce que nous appellerons monarchie se présentent toutes les variétés du gouvernement personnel dans lequel le souverain règne grâce à une qualité qui lui est propre, grâces à des *facultés naturelles* innées que les sujets admettent comme lui conférant un droit de souveraineté sur eux. Sous le nom de démocratie nous rangerons tous les genres d'organisation nationale basés par un système quelconque en vertu duquel le gouvernement est élu par le peuple, organisation dans laquelle la source du pouvoir est entre les mains du peuple et non pas dans les mains du gouvernement. Que le pouvoir exécutif soit appelé un monarque, un président, un dictateur, un conseil, ou n'importe quoi, son rôle se borne à faire usage d'une autorité qui lui est déléguée par les sujets et qui peut, en dernier ressort, être retirée par ceux qui l'ont donnée.

Beaucoup de personnes diraient à ce propos qu'à notre époque la monarchie dont nous venons d'exposer le principe ne saurait être opposée à la démocratie telle que nous l'avons définie : et assurément, trés peu accepteraient aujourd'hui ce même principe et avoueraient franchement qu'ils croient au « droit divin des rois ». Cependant, en étudiant le rôle joué par cette idée dans l'histoire du monde, son adoption par la religion et son acceptation par les plus sages et les meilleurs de notre race dans le passé, son origine ne peut manquer d'être intéressante. Elle date de l'époque de la Lumérie et de l'Alantide, lorsque des hommes parfaits, appartenant à une humanité passée, habitèrent parmi nos races en enfance et gnidèrent leurs premiers pas. Ils gouvernaient les nations sans discussion, en vertu de leur supériorité évidente et incontestée, comme un père gourverne ses enfants ; par leur sagesse, leur compassion, et leur justice, ils établirent souverainement l'idée de la monarchie dans le cœur des hommes et unirent étroitement dans leur esprit la religion et la royauté, car ils étaient véritablement pour leurs peuples les représentants de Dieu sur la terre et apportaient dans leur gouvernement autant d'ordre divin qu'en comportaient la région et l'époque. Aucun doute ne s'élevait dans l'esprit de personne au sujet de la différence innée qui existait entre les rois primitifs et les nations qu'ils gouvernaient ; ils donnèrent aux peuple leurs arts, leurs sciences et leur politique ; ils furent en même temps leurs instructeurs et leurs guides ; ils édifièrent le côté extérieur de la nation et bercèrent sa vie naissante. De ces héroïques figures de l'antiquité encore entourées de la magie de leurs actes et d'une auréole de mythe et de poésie, un idéal de royauté est parvenu jusqu'à nous, idéal d'après lequel le roi était plus grand, plus sage, plus noble et plus divin que les peuples qu'il gouvernait, d'après lequel sa valeur était leur bouclier et sa sagesse leur flambeau, idéal dans lequel l'égoïsme ne jouait aucun rôle et l'intérêt personnel ne trouvait pas sa place, dans lequel il se donnait lui-même et donnait sa vie aux peuples, travaillait pour qu'ils pussent se reposer, veillait pour qu'ils pussent dormir, jeûnait pour qu'ils pussent manger, dans lequel royauté était synonyme de sacrifice de soi-même, pour que la nation fût protégée, instruite et développée.

Lorsque notre propre race Aryenne fut isolée, son Manou fut naturellement son roi et dans sa descendance directe furent incarnées les puissantes âmes qui continuèrent son œuvre sous sa surveillance immédiate. L'hérédité physique la plus pure, que maintinrent ces grandes âmes, fournit à ces premiers monarques une enveloppe charnelle appropriée et cette hérédité physique persista lorsqu'au cours des temps, des Initiés d'un rang moins élevé s'incarnèrent dans la famille pour continuer à s'acquitter des devoirs royaux. Le droit divin des rois se trouva ainsi uni à l'idée de droit héréditaire et, durant des dizaines de milliers d'années, le rapport entre ces deux idées continuera à être maintenu — manière de voir très compréhensible comme une tradition datant de ces époques reculées. Le Roi Initié ne se trouvait pas en possession d'un « droit divin » parce qu'il était né dans une famille donnée, mais parce qu'il possédait les qualités nécessaires il prenait naissance dans cette famille, attendu que c'était la méthode reconnue comme étant la meilleure pour lui assurer la fidélité de la nation et l'entourer des conditions requises pour exercer le nouveau corps et le nouveau cerveau à l'aide desquels il lui fallait accomplir son œuvre durant cette incarnation. Une âme expérimentée et hautement développée était choisie pour gouverner une nation, par la grande hiérarchie spirituelle qui dirige l'évolution de l'humanité ; *là* gît la source reconnue de l'autorité suprême, car cette hiérarchie est le véhicule du LOGOS dans la partie de Son royaume que nous appelons notre monde. De la sorte, cette âme devenait un roi possesseur du droit divin de gouverner, délégué par la hiérarchie qui constituait l'expression de la vie dirigeante du LOGOS, choisi pour son aptitude et sa capacité, développées pendant des centaines d'incarnations dans toutes les phases ascendantes d'une humanité passée. Le fait de naître dans une famille déterminée ne constituait qu'une manière commode de désigner publiquement le chef choisi, de façon à ce que la royauté pût passer d'une personnalité à une autre sans confusion, sans discorde et sans lutte. Aux yeux du peuple et durant de longs siècles cette naissance conférait le droit de régner sur lui, car il ignorait les faits cachés derrière le voile ; on s'était transmis seulement la tradition d'un âge d'or durant lequel les rois étaient des dieux, et les rois héréditaires des siècles ultérieurs faisaient remonter leur origine à un Roi divin quelconque ; Fils du Soleil, Fils du Ciel— un titre de ce genre constituait celui de leurs titres royaux dont ils étaient le plus fiers, jusqu'à ce que vînt le moment où ce titre ne fut plus considéré que comme une superstition, attendu que le fait qui leur servait de base était perdu dans la nuit des temps. Au fur et à mesure que les âmes qui s'étaient incarnées dans la race Aryenne pour achever leur évolution humaine passèrent dans des régions plus sublimes, des âmes moins développées prirent la direction de l'humanité et graduellement, à mesure que s'accumula le karma de la race, l'intervention directe des Grands Êtres devint de plus en plus rare. Le nourrisson était devenu l'enfant capable de marcher.

Différant moins de leurs sujets au point de vue du développement et n'ayant pas encore vaincu les faiblesses humaines de l'égoïsme, de l'ambition et de l'orgueil, les rois commencèrent à user de leurs pouvoirs sans limites dans leur propre intérêt, au lieu de l'employer pour le bien de leurs peuples. En perdant tout contact avec leurs supérieurs du monde invisible, ils perdirent le sentiment de leur responsabilité envers eux et en arrivèrent graduellement à se considérer comme indépendants et comme « les maîtres arbitraires de l'héritage de Dieu ». Alors les peuples gouvernés tyranniquement commencèrent d'abord à se révolter contre leurs rois, puis à limiter leur autorité — sentant, avec assez de bon sens, que des monarques qui usaient de leurs pouvoirs illimités pour assurer leur bien-être personnel au lieu du bien-être de leur peuple n'étaient plus de véritables incarnations du droit divin. En Europe, la disparition de l'idée de réincarnation et de karma impliqua, au point de vue intellectuel, celle de l'idée de droit divin héréditaire, tandis que sa destruction effective fut provoquée par la méchanceté ou la médiocrité des rois eux-mêmes. Cependant, si l'on veut admettre le moins du monde l'idée de la monarchie, on est logiquement amené à penser que le roi doit tirer son autorité de quelque supérieur spirituel invisible, qui lui a confié l'administration d'une partie du divin gouvernement du monde et l'a investi, dans ce but, de l'autorité nécessaire pour mener à bien cette administration. Il y a un abîme infranchissable entre l'être héréditaire qui gouverne une nation pendant toute sa vie et l'agent élu par la nation pour occuper un certain poste avec des pouvoirs révocables à volonté. Celui-ci est un monarque qui n'est pas un monarque ; un roi qui ne gouverne pas, un chef suprême (nominalement) qui voit son activité entravée à tous moments ; un pareil personnage peut être un fonctionnaire admirable et très utile, digne de tous les respects, mais sa fonction a un caractère transitoire et ne peut exister d'une façon permanente. Il est trop grand ou trop petit, comme on l'entendra. Si c'est un « roi par la grâce de Dieu » il doit avoir le pouvoir et la responsabilité aussi bien que le titre de la royauté ; si c'est un « roi par la volonté du peuple », remplissant ses fonctions en vertu d'une élection faite par la nation — élection qui est proclamée et qui peut être révoquée par une assemblée représentant la nation — et qui est dépourvu de tout pouvoir réel, le titre de roi est un peu trop splendide pour une réalité aussi limitée.

Si nous nous reportons à une trentaine d'années en arrière, nous trouvons en Angleterre un parti assez puissant représentant l'idéal républicain. Tous ceux qui ont pris part au mouvement politique de cette époque se rappelleront qu'on manifestait des sentiments nettement favorables aux idées républicaines et cela plus spécialement parmi les ouvriers qui faisaient étalage de sentiments clairement anti-monarchiques. Ce sentiment — comme le sont souvent les manifestations des sentiments populaires — était dû à des causes qui n'avaient en elles aucun élément susceptible de le rendre durable et qui ont, en grande partie, disparu durant ces vingt dernières années. Il y a toujours eu des républicains philosophes et il y en aura toujours, mais nous avons à nous occuper ici de problèmes pratiques bien plus que de débats académiques. Le sentiment populaire qui se manifestait contre l'héritier de la couronne était principalement dû à ce que nous sommes bien obligés d'appeler le lamentable exemple d'extravagance et de sans-gêne que donnait l'homme, alors jeune, qui se trouvait placé sur la plus haute marche du trône. Ce sentiment s'est atténué à mesure que les années ont apporté plus de dignité et de retenue dans sa vie publique. Ce qui a aussi contribué à faire du républicanisme, en Angleterre, une question à peu près mort-née, c'est l'évident échec de ce système en France et aux Etats-Unis. Dans ce dernier pays l'échec est encore plus marqué. L'irrespect de la vie privée, bien plus grand là-bas qu'ici ; la lutte sans cesse croissante entre le capital et le travailleur, soutenue avec un terrible acharnement, inconnu dans les vieux pays et, de part et d'autre, avec une violence qui choque les sentiments d'humanité ; la pauvreté, qui, au milieu des avantages naturels qui l'entourent, enserre dans ses griffes une immense population ; la corruption et l'oppression policière qui pourrissent le gouvernement municipal ; l'éloignement de la vie publique des plus grands penseurs et des personnes les plus affinées, à cause des conditions intolérables qu'elle comporte, conditions dont la nature est telle que l'épithète même de « politicien » est devenue un blâme ; toutes ces causes ajoutées à d'autres ont produit une désillusion complète au sujet du républicanisme en action, quels que soient les arguments théoriques qui puissent être mis en avant par ceux qui croient à l'égalité humaine. Des hommes qui, il y a vingt ans, s'occupaient des questions de gouvernement, se sont maintenant consacrés presque tous aux questions économiques et déclarent que, quelle que puisse être la forme du gouvernement, ce qu'il faut rechercher pour rendre une nation prospère, contente et heureuse, c'est un système économique bien conçu.

Nous pouvons donc laisser de côté la question du résultat de la lutte entre la monarchie et la république, comme ne concernant pas notre pays. Comme pour faire ressortir son peu de réalité nous avons la merveilleuse fête qui a été célébrée, en 1897, pour acclamer le terme des soixante années de règne de la reine d'Angleterre. Chacun admet — quelles que puissent être ses opinions personnelles ou ses idées préconçues — que nous avons été témoins d'une manifestation sans exemple de sentiments de fidélité dans toutes les parties du monde où se parle la langue anglaise, manifestation qui étouffe momentanément tout autre sentiment. L'Angleterre et toutes ses colonies furent remuées par un immense courant de dévouement enthousiaste pour la souveraine qui occupe le trône de ce vaste empire, et tous les observateurs furent frappés par la force et la passion qui animaient ces sentiments, par les racines qu'ils avaient dans le cœur du peuple et par la véritable transfiguration qu'ils produisirent dans l'objet de ce dévouement. La verité, c'est qu'au fond du cœur des peuples et en dépit de tous les crimes que de méchants rois ont commis, a survécu un désir passionné de regarder en haut et de voir à la tête de la nation un être humain incarnant tout ce qu'elle possède de grandeur, de gloire et de puissance, lui servant en quelque sorte de symbole dans le monde. Cette tendance de la nature humaine semble être indéracinable et sa force est prouvée par sa persistance en dépit de toute la série des crimes des rois. L'histoire prouve qu'il a toujours fallu l'extrême misère et le désespoir pour pousser une nation à la révolte.

La rebellion n'est pas la tendance naturelle du cerveau et du cœur humains. L'homme éprouve un désir passionné d'être instruit, d'être guidé, d'être gouverné, comme le démontre la touchante et inextinguible fidélité des masses envers des chefs successifs qui arrivent au pouvoir en se hissant sur leurs épaules. Pourtant l'homme exige aussi que celui qui prétend enseigner soit capable de le faire; que celui qui se présente comme guide soit capable de diriger; que celui qui porte la couronne royale soit capable de gouverner. Dans notre pays, au sein de nos partis politiques, il n'y a aucun homme qui soit indiqué comme chef, que tous acclameraient unanimement comme supérieur, qui incarne en lui l'idéal d'un chef de nation. S'il était possible que dans une famille royale naquit un homme doué du génie du gouvernement, doué du pouvoir de faire vibrer l'enthousiasme populaire, doué du cerveau qu'il faut pour diriger la nation et d'un cœur capable d'aimer le peuple avec cette tendresse qui pèse et qui embrasse tout, qui verrait ses souffrances, en comprendrait les causes et appliquerait d'une main ferme les remèdes nécessaires, nous verrions alors ce que l'on entend par « loyalisme » dans le cœur d'une nation et grand serait le pouvoir dont jouirait un tel homme, avec le joyeux assentiment de tous, pour déraciner le mal et instituer un meilleur état de choses avec toute la force concentrée et toute la rectitude d'une volonté individuelle servie par une intelligence aiguisée et par un noble cœur. Le gouvernement ne consisterait plus en une série de compromis auxquels on arrive en vertu de décisions qui dépendent de la puissance variable des partis, mais deviendrait l'application rationnelle de principes bien déterminés et visant des résultats précis.

* * *

De nos jours l'étude de l'économie sociale conduit beaucoup de gens à diverses formes de socialisme. Ces formes sont toutes démocratiques et sont basées, explicitement ou implicitement, sur l'admission des droits fondamentaux de l'homme et sur le nombre. La majorité décide de la forme du gouvernement, quoi que puisse contenir le cerveau des membres de cette majorité. Les têtes vides, pourvu que les mains auxquelles elles appartiennent soient capables de tracer une croix sur un bulletin de vote, comptent autant que les têtes pleines, l'ivrogne sans raison pèse autant que le sage le plus noble. On dit, il est vrai, qu'avec un système convenable il n'y aurait ni têtes vides, ni ivrognes sans raison ; mais le système est encore à trouver et les rebuts sociaux doivent, en attendant, prendre part à sa confection et faire partie des matériaux qui serviront à l'édifier. « Le peuple souverain » ne peut logiquement exclure personne. C'est là l'écueil contre lequel le socialisme démocratique viendra se briser. La condition première du succès pour tout groupement volontaire ou imposé d'hommes qui cherchent à atteindre un but c'est que le chef de l'association soit, en ce qui concerne les facultés, le savoir, l'entente de la situation tout entière, supérieur à ceux qui constituent la partie exécutive du corps constitué ; s'il ne sait pas diriger et s'ils ne savent pas obéir, le désastre est certain. C'est à cela que sont dûs les multiples échecs de la production coopérative. Le chef d'une maison, le capitaine d'un navire, le général commandant une armée, le principal d'un collège, le père d'une famille — tous ceux-là doivent être supérieurs à leurs subordonnés *dans ce qu'il y a à faire*, sous peine d'aboutir au chaos. Ce n'est que dans les états démocratiques que les gouvernés sont supposés élire le gouvernant et qu'un égal est supposé gouverner des égaux.

On prétend qu'un homme peut être appelé, par voie d'élection, à occuper un poste qui lui confère de l'autorité et être investi de pleins pouvoirs pendant la période durant laquelle il occupe cette situation officielle ; il est pourtant très difficile au supérieur d'imposer une stricte discipline à ceux envers lesquels il est en fin de compte responsable et qui peuvent le révoquer, et d'exercer sur eux une direction efficace ; l'obéissance immédiate nécessaire au succès ne s'obtint pas non plus facilement de ceux qui jouissent du pouvoir de chasser leur chef. Même si ces difficultés étaient surmontées il en resterait encore d'autres plus importantes ; dans des associations volontaires toute confiance doit être accordée au chef élu, en même temps que celui-ci doit être poussé par un profond sentiment d'honneur à s'acquitter entièrement de ses devoirs ; ces qualités font généralement défaut, tant chez les hommes que chez les chefs qu'ils se choisissent, comme c'est prouvé par les amers soupçons de ceux qu'ils gouvernent et qui ont brisé le cœur de plus d'un chef après avoir entravé son énergie pendant des années, et par le manque d'intégrité chez les dirigeants que nous voyons ainsi, à chaque instant, ruiner des associations commerciales. La confiance et l'honneur sans tache font partie des plus nobles, mais aussi des plus rares qualités humaines durant la phase actuelle de l'évolution et pourtant sans leur diffusion générale le socialisme démocratique ne peut qu'échouer.

Si nous étudions les corps dirigeants faisant partie de l'Etat — comme les organiseraient les communautés socialistes — nous nous trouvons face à face avec la hideuse difficulté de la corruption. Nous voyons continuellement les hommes qui sont élus à un poste s'en servir dans un but de gain personnel. Dans la démocratique Amérique les municipalités et les autres administrations publiques sont de véritables sentines de corruption et l'on ne se cache guère pour dire qu'il faut donner des pots de vin aux fonctionnaires toutes les fois qu'il est question d'une entreprise au sujet de laquelle ils ont à intervenir. Où trouverons-nous des hommes auxquels on puisse donner avec confiance un emploi dont ils ne se serviront pas dans leur propre intérêt ? On trouve de tels hommes là où le poste est accepté par amour pour la patrie et par un sentiment traditionnel d'obligations envers le service public, mais, tant que la nature humaine n'aura pas changé, de telles qualités ne se rencontreront pas souvent chez ceux qui briguent des emplois électifs comme moyen d'existence.

Qu'il soit possible d'arriver à une organisation supérieure de la société, organisation dans laquelle toutes les forces de l'Etat seraient combinées en vue du bien général et dans laquelle seraient réalisés toute l'abondance et tout le bonheur auxquels les socialistes aspirent à juste titre, c'est là une vérité incontestable, comme nous allons le voir dans un instant. Toutefois, cela ne sera pas ce que nous appelons actuellement une démocratie, car celle-ci va à l'encontre de toutes les lois obligatoires de la nature. L'erreur fondamentale sur laquelle est basé ce système est l'idée que « les hommes sont nés égaux », c'est cette idée dominante de la « déclaration des droits de l'homme », que le siècle dernier a léguée au siècle actuel. Assurément, si les hommes ne naissaient dans ce monde qu'une fois, cette erreur fondamentale devrait, en toute justice, être une vérité naturelle ; chaque homme serait aussi bon que n'importe quel autre et aurait des droits égaux dans la communauté. Si l'âme était nouvellement créée lorsqu'elle vient en ce monde dans un corps nouveau ou si, comme le croient quelques-uns, l'homme n'était seulement qu'un corps ; si chaque personne vivant maintenant en Angleterre était née pour la première fois durant ce siècle-ci et devait disparaître à jamais de la terre lorsque la tombe se refermerait sur sa tête ou que le feu consumerait son corps ; si notre seule expérience de la vie terrestre se résumait dans cette courte période qui s'étend du berceau que nous avons quitté à la tombe qui nous attend, nous pourrions alors supposer qu'un homme ne saurait être né plus sage ou meilleur qu'un autre, qu'un homme ne saurait être apte à gouverner et l'autre à obéir seulement.

Comme nous le constatons par l'observation, les hommes ne sont pas nés égaux, mais très inégaux ; les uns ont du penchant pour la vertu, les autres pour le vice ; les uns ont du génie, les autres ont une intelligence très bornée. Jamais une société stable ne pourra être édifiée si nous commençons par mettre de côté la nature, et si nous traitons de la même manière, comme ayant droit à un pouvoir égal, l'ignorant et le sage, l'intelligent et le stupide, le criminel et le saint ; sur ce terrain inégal aucun édifice durable ne pourra jamais être fondé. Cependant, si l'homme ne naissait qu'une fois, il serait inique d'édifier sur une autre base, car ce serait une injustice

choquante que de subordonner un homme à un autre, hormis le cas où il s'y prêterait volontairement, si tous deux étaient nouvellement venus en ce monde, sans avoir jamais rien appris, sans avoir lutté ou acquis de l'expérience dans des vies antérieures. En pareil cas il semblerait que chacun eût des droits égaux en toutes choses et fût en droit de gouverner les autres à son tour ; dans la direction à imprimer à une nation, l'ignorance aurait le droit d'émettre son avis aussi bien que la sagesse, et la lutte et l'effort fourniraient à chacun dans un monde aussi irrationnel la possibilité d'arriver.

Les choses n'iraient pas mieux si l'on traduisait le mot « égaux » par cette périphrase : « devant jouir des mêmes droits », car donner des droits égaux à des gens inégalement préparés, c'est condamner le plus faible à succomber dans la lutte pour la vie. Dans notre égoïsme, nous avons jeté le faible en proie au plus fort, au lieu d'enseigner à ce dernier à considérer sa force comme lui imposant de plus lourdes responsabilités — parmi lesquelles figure le devoir d'aider et de protéger les faibles. Notre système économique est un système de lutte dont le mot d'ordre est : « Malheur aux vaincus ». Jadis c'était la lutte des corps, maintenant c'est surtout la lutte des esprits, mais ce n'en est pas moins une lutte. On nous a enseigné qu'un homme ne doit pas faire usage de ses muscles pour piller son voisin ; il nous reste à apprendre qu'il ne doit pas faire usage de son esprit dans le même but.

Il n'est pas plus juste de fouler les autres aux pieds parce que nous sommes plus adroits, plus vigoureux et plus sagaces qu'eux, qu'il n'était juste aux époques qualifiées de barbares, de voir un homme employer sa force pour voler, pour détruire et pour asservir. La lutte ouverte à laquelle nous donnons le nom de « civilisation » n'est pas un état qui puisse durer. Je ne nie pas la nécessité de passer par cette phase de l'évolution afin que l'individu puisse se développer, mais je fais allusion à la phase suivante en vue de laquelle nous devrions à bon droit commencer à travailler.

Aucun homme au cœur vraiment humain ne peut traverser une de nos grandes villes, constater les conditions dans lesquelles se trouvent des milliers de gens, se rendre compte de la situation désespérée de ceux qui sont nés au milieu de ces conditions, sans éprouver un amer chagrin, même s'il croit que cet état de choses est sans remède. Voir dans quel milieu naissent les enfants, comment ils grandissent, de quelle façon leurs parents vivent et meurent — cela suffit à briser le cœur de celui qui n'est pas assez sage pour comprendre et assez fort pour travailler.

Et moi, par exemple, je ne saurais condamner avec sévérité des paroles, si violentes qu'elles soient, et des projets, si mal étudiés qu'ils puissent être, qui ont été provoqués par la souffrance, la misère et la faim, aggravées par une complète ignorance des causes auxquelles cette souffrance est due et des résultats qu'elle produira. J'ai étudié de trop près la vie du pauvre, l'anxiété qui ronge et la douleur qui aveugle, la brutalité et l'annihilation de tout espoir et de toute énergie pour pouvoir éprouver autre chose qu'une tendre compassion pour leurs malheurs, et une réelle sympathie pour les motifs qui provoquent les efforts honnêtes que l'on peut faire pour les soulager. Les paroles les plus violentes ne sont souvent que des cris de douleur à demi articulés, auxquels donnent naissance le sentiment vague que quelque chose va mal et l'ignorance des moyens à employer pour changer cela, ainsi que le désespoir auquel aboutissent une patience lassée depuis longtemps, et des cœurs brisés qui ne trouvent d'aide ni chez l'homme ni chez Dieu.

Le pire de tout, c'est que cela fait partie du développement moderne, et appartient surtout aux pays occidentaux ; il n'y a guère plus d'un siècle et quart que cela a commencé, et cela a coïncidé avec la substitution générale des machines au travail manuel. Les colossales agglomérations qui sont la conséquence des méthodes de production ne représentent que les causes superficielles d'une grande partie de cette dégradation. Une autre cause réside dans l'anéantissement des facultés individuelles. Jadis, ceux qui étaient chargés de fournir les objets dont la communauté avait besoin étaient des gens qui, dans une large mesure, trouvaient du plaisir dans leur travail, la joie que cause au créateur le produit qu'il a parachevé.

L'artisan, il n'y a pas encore longtemps, était un artiste dans son humble sphère, et ses facultés étaient accrues par l'effort qu'il faisait pour inventer, pour améliorer et pour orner son œuvre. Si nous nous reportons même à deux cents ans en arrière et jetons un coup d'œil sur les objets d'un usage général parmi nous, nous relevons partout les traces d'un travail individuel plein de fantaisie. On trouve encore des fermes, où des trésors consistant en tables de chêne, en dressoirs, en coffres, etc., ont été transmis de génération en génération, et ces choses, d'un usage journalier, sont avidemment achetées par les connaisseurs, bien qu'elles ne soient que les œuvres d'artisans ordinaires, souvent même des « fermiers » qui, durant les longues soirées d'hiver — comme cela se fait encore en Norvège et en Suède — sculptaient de grossières copies de fleurs et de branches tordues, ajoutant de ci, de là, une feuille, un bourgeon ou un brindille, suivant l'impulsion de leur fantaisie ou le conseil d'un assistant.

Il n'est assurément pas possible de faire rétrograder la roue du temps et de ramener l'époque du travail manuel, bien qu'elle fût plus propre à généraliser le confort et le développement que ne l'est le siècle des machines au milieu duquel nous vivons. Les machines existent et doivent être conservées, et nous devons adapter notre société à ces nouvelles conditions. Jusqu'à présent, nous n'avons pris aucune mesure pour faire face aux difficultés qu'elles soulèvent, ni pour compenser les privations qu'elles imposent aux manœuvres dont elles nécessitent l'emploi. Dans notre vie moderne, l'homme qui dirige une machine, tend de plus en plus à devenir une machine, un levier en chair et en os de cet assemblage de fer et d'acier. Il est sevré des joies de l'artiste et devient un automate façonnant des millions de fragments, par exemple des têtes d'épingles, mais jamais une chose entière dont il puisse être heureux et fier, dans laquelle il puisse mettre un peu de lui-même, qui lui fasse éprouver la sensation d'être un homme vivant et non pas une simple main qui produit. Les cerveaux d'un grand nombre de ceux qui donnent naissance à la masse de la nation sont ainsi partiellement atrophiés, et le développement physique des travailleurs en souffre.

Une nation ne peut ainsi permettre que des millions de ses travailleurs soient ainsi arrêtés dans leur développement sans s'exposer au courroux d'une Némésis nationale. Dans les types physiques inférieurs nés de parents ainsi étiolés ne peuvent entrer que des âmes peu développées, car les nations, comme les individus, moissonnent ce qu'elles ont semé.

Si, dans les conditions de la vie moderne, les facultés des hommes ne sont plus cultivées *dans* leur travail comme elles l'étaient autrefois, il faut alors profiter de l'énorme accroissement de la production qui est dû aux machines pour procurer plus de loisirs aux mécaniciens, de façon à ce que leurs facultés puissent être cultivées *en dehors* de leur travail. Le travailleur Anglais de jadis était plus *homme* que ne l'est son successeur d'aujourd'hui, et si nous ne voulons pas que la nation soit composée d'âmes d'un type inférieur, il est nécessaire de rétablir l'équilibre. L'arrêt de croissance du cerveau causé par le travail mécanique est la justification de la clameur qui s'élève pour réclamer des heures de travail plus courtes, et toutes les classes de la société devraient s'unir pour arriver à ce résultat.

Ce n'est pas le travail par lui-même qui décourage l'homme, mais le genre de travail déprimant, contraire à tout progrès, mortel, auquel tant de milliers de gens sont aujourd'hui condamnés. Toutes les fois qu'un pareil genre de travail est nécessaire, il faudrait qu'il fût court et qu'il fut aussi contrebalancé par d'autres heures consacrées au développement des facultés. Sans cela notre système ne peut tendre qu'à la dissolution de la société et non pas à son évolution.

Le Théosophe qui croit à la réincarnation et au karma est à même de remonter à la source de nos troubles sociaux, d'en discerner les remèdes et de travailler avec patience en se reposant entièrement sur la loi. Il voit que l'idéal de la société doit être changé et que les socialistes visent un but louable — le bonheur général — en employant de mauvais moyens. Il constate, en se reportant à l'histoire des conditions sociales, jadis mises en vigueur par les adeptes et dirigées par eux pendant un certain temps, qu'ils avaient réalisé les plus beaux rêves du socialiste idéaliste, bien que leur base, ainsi que les méthodes employées fussent complètement différentes de celles des écoles modernes. Avant d'en commencer l'étude, examinons quels sont les idéals que crée la croyance à la réincarnation et à karma.

La réincarnation implique l'évolution de l'âme, et lorsque l'évolution est admise on constate que l'égalité n'est qu'un leurre. L'évolution représente une échelle dont l'humanité gravit les degrés, et tous les hommes ne se trouvent pas sur le même échelon. Comme l'évolution est une question dans laquelle le temps joue le plus grand rôle — au moins jusqu'à une phase avancée de la croissance – toute différence dans la phase de l'évolution implique une différence dans le temps que l'entité qui évolue a consacré à en gravir l'échelle. En d'autres termes les âmes, bien qu'éternelles dans leur essence, ont un âge différent en tant qu'individualités, et c'est en cela que consiste la vérité fondamentale naturelle sur laquelle une société humaine stable doit être basée. Il nous faut donc substituer à l'idéal d'une organisation basée sur des contrats mutuels entre individus d'un même âge, nés tous avec des droits égaux, l'idéal d'une famille dont les membres sont d'âges différents, où chacun est né pour des devoirs dont la nature dépend des facultés qu'il a apportées avec lui. C'est la famille et non pas la compagnie à charte qui doit constituer l'idéal de l'Etat, c'est l'accomplissement des devoirs et non pas l'exagération des droits qui doit constituer la note dominante de la vie individuelle.

Dès que l'on reconnaîtra l'évolution de l'âme comme un des facteurs qui doivent entrer dans l'organisation de la société, on reconnaîtra aussi comme corollaire que l'évolution est régie par une loi — le karma accompagnera la réincarnation. Les facultés qu'un homme apportera en naissant indiqueront alors son degré d'évolution et détermineront par suite la position qu'il est appelé à occuper dans l'Etat. De même que la loi place l'âme dans le milieu qu'elle a rendu nécessaire par ses actions passées, de même dans un Etat qui constituerait un organisme naturel vivant, au lieu d'être une machine légale, les âmes seraient régulièrement placées dans la position sociale appropriée à la mise en activité des résultats de leur passé et à leur propre évolution ultérieure tout comme dans la construction de la charpente humaine les matériaux nécessaires sont dirigés vers l'endroit où il faut des nerfs ou des os. Il se présentera des cas anormaux, dûs à la complexité des causes générées dans le passé, mais on pourrait y pourvoir par des méthodes spéciales, comme nous allons le voir.

Certaines règles de conduite découlent de cette façon de considérer l'Etat comme une organisation basée sur des lois naturelles et destinée à aider et à faire progresser, dans la voie de l'évolution, chacune des âmes qui en fait partie. Dans la famille les plus lourds fardeaux échoient aux aînés et non aux enfants ; les plus jeunes sont entraînés avec soin, tendrement surveillés et mis à l'abri des tourments, de l'anxiété et des efforts excessifs. Si la nourriture fait défaut, ce ne sont pas les enfants qui sont privés les premiers ; s'il manque quelque chose, les aînés supportent la souffrance et cherchent à ne laisser les enfants manquer de rien. Leur force supérieure est considérée comme leur imposant des responsalités et des devoirs et non comme leur conférant le droit de piller et d'opprimer. Ces principes doivent être mis en pratique pour arriver à la solution des problèmes sociaux et nous pouvons aborder maintenant la question de leur application à la sociologie.

Dans les premiers systèmes de sociologie imposés d'autorité aux races en enfance par leurs Rois Initiés, tout ce que vise le Socialisme moderne pour le bien des masses — et bien plus encore — était nettement assuré. Des mesures étaient prises pour la production abondante de tout ce qui est nécessaire à la vie, pour l'éducation des divers types d'intelligence, au mieux des intérêts de chacun, pour l'évolution complète de toutes les facultés que chacun apportait avec lui dans le monde et pour l'orientation de l'énergie de chacun dans les directions les mieux faites pour les utiliser et les développer. La conception du plan social était due à la sagesse divinement illuminée d'hommes parfaits et son administration était confiée aux âmes les plus avancées de notre propre humanité qui travaillaient en ordre hiérarchique sous la direction immédiate du Roi Initié. Les principes fondamentaux de ce plan peuvent être énumérés comme suit : la tâche de gouverner réclame les plus hautes qualités humaines, spirituelles et intellectuelles et, pour être menée à bien, elle doit être entreprise dans un esprit de complète abnégation et de dévouement au bien-être de tous, de façon à ce que le plus élevé soit le serviteur de tous dans toute la force du terme ; plus l'homme sera développé plus il devra être haut placé dans la hiérarchie sociale et par suite plus sa responsabilité sera lourde ; en outre, la part qu'il réclamera dans les ressources matérielles sera d'autant plus faible, attendu que sa nature se développera surtout dans le monde mental et le monde spirituel et que ses rapports avec le monde matériel auront pour but de rendre service et non de chercher des jouissances ; la classe dirigeante devrait donc être composée des plus sages, des plus purs, des plus dévoués de la nation, de ceux dont l'horizon est le plus étendu et qui demande le moins pour eux-mêmes, de ceux dont les cœurs battent pour le bien commun, de ceux qui ne trouvent aucun labeur trop lourd lorsqu'il a pour résultat le développement et le bonheur de tous, de ceux qui ne désirent rien, mais donnent tout, qui sont sages grâce à l'expérience acquise durant des siècles et qui, ayant appris les leçons qu'enseigne le monde, sont capables de les appliquer aux événements journaliers. Le premier devoir du gouverment est d'assurer le bien-être, la prospérité et des conditions favorables au progrès, pour les types les moins développés qui ont besoin pour leur bonheur de l'abondance des biens matériels; ces choses sont également nécessaires à leur évolution et à leur bonheur et plus leurs propres ressources internes sont faibles, plus la part qu'ils réclament du monde extérieur est nécessairement grande. L'abondance ne peut être assurée que par le travail et, pour éviter le gaspillage de l'énergie, le travail doit être organisé avec soin, orienté vers les voies les plus productives et conduit à la coopération la plus efficace. Ceci ne peut être fait que par ceux qui ont le champ entier sous leurs yeux et peuvent ainsi employer les énergies disponibles de la façon la plus profitable. Les moins développés sont tenus au travail et à l'obéissance en échange du confort et de l'absence des soucis matériels ; par ce travail et cette obéissance, leurs qualités mentales et morales sont développées et exercées, ce qui les rend susceptibles d'occuper, dans une incarnation ultérieure, une place plus élevée dans l'Etat.

Sans entrer dans des détails qui ont varié suivant les époques et les localités, le plan général imposait la responsabilité d'organiser et de diriger le travail, dans une circonscription donnée, aux fonctionnaires qui l'administraient ; chaque unité gouvernementale faisait partie d'une unité plus grande et en s'exerçant dans les petites unités on se préparait à administrer les grandes ; la famine ou la pénurie de ce qui est nécessaire au confort de la vie, le mécontentement, le malaise, le crime, l'ignorance — tout cela était considéré comme imputable à la négligence des administrateurs, chaque chef était tenu de s'expliquer vis-à-vis de son supérieur immédiat sur la prédominance dans son district d'un quelconque de ces maux, que l'on considérait à juste titre comme évitables. Le chef était là pour diriger le travail, assurer l'éducation, égaliser la répartition, réprimer la violence, trancher les différends, maintenir l'ordre, faire naître le bonheur ; s'il ne pouvait remplir ces conditions, il était incapable de gouverner et devait céder la place à un homme mieux doué. Il pouvait être chef d'un village, d'une ville, d'un groupe de villages et de villes réunies en province, de provinces constituées en une vice royauté, mais quelle que fût l'étendue de son district, il n'en était pas moins responsable de son gouvernement. Tous étaient ainsi responsables, depuis le fonctionnaire du plus humble village jusqu'aux gouverneurs les plus importants qui relevaient directement du monarque, responsable lui-même envers la hiérarchie occulte seulement. Il désignait quelques personnes pour être ses vice-rois dans les groupes de provinces ; ceux-ci, à leur tour, nommaient les gouverneurs des provinces; ces derniers désignaient les fonctionnaires inférieurs, et ainsi de suite jusqu'au bas de l'échelle. Ainsi était constituée une administration graduée et régulière qui servait à la fois comme rouage gouvernemental et comme un champ d'exercice pour les âmes en évolution qui en faisaient partie et dont les plus élevées et les plus responsables étaient des Initiés. On remarquera que ce système tout entier subordonnait, de haut en bas de l'échelle, les êtres inférieurs et moins évolués aux êtres supérieurs dont l'évolution était plus avancée. Chacun obéissait à son supérieur et était obéi par ses inférieurs et chacun était responsable envers ceux qui étaient au-dessus de lui, mais jamais envers ceux placés au-dessous. Par suite, il n'y avait pas de place pour les « droits ». Les « devoirs » seuls étaient reconnus, mais ces devoirs imposaient aux plus évolués l'obligation de fournir à ceux qui l'étaient moins tout ce qui pouvait assurer leur développement, leur bonheur et leur perfectionnement. Toùt était donné, rien n'était pris et par cela même l'ordre et le bonheur régnaient au lieu de la lutte.

Le pays appartenait au monarque, mais était, au point de vue du contrôle, divisé en parties distinctes, assignées aux différentes classes. Une moitié était réservée aux producteurs fournissant un travail actif et à leurs familles ; la seconde moitié était divisée à son tour en deux parties, dont l'une était pour le monarque et servait à entretenir toute la classe dirigeante et à acquitter les charges de souveraineté telles que la défense de la nation, l'entretien des communications intérieures et les autres choses du même genre nécessaires au peuple en général ; l'administration de la justice et le reste du travail de cette classe dirigeante n'entraînaient pas de nouvelles charges, car tous les fonctionnaires étaient entretenus au moyen de revenu de cette terre. L'autre partie de la seconde moitié du pays était attribuée au clergé, qui constituait une classe distincte à côté de la classe gouvernementale et était chargée de l'éducation publique ; l'ensemble de cette éducation, donnée aux enfants et aux jeunes gens, n'entraînait pas non plus de nouvelles charges, attendu que lés prêtres constituaient la classe enseignante de la nation ; cette terre servait en outre à l'entretien de toutes les personnes malades et incapables et de toutes celles qui — en dehors de la classe dirigeante — avaient dépassé l'âge moyen fixé généralement à quarante-cinq environ. La période de travail n'embrassait qu'une période de vingt-cinq ans environ ; avant cela, la jeunesse était instruite et à l'expiration de cette période le temps de chacun était consacré à développer à loisir les facultés qu'il pouvait avoir évoluées. L'admirable organisation du travail le rendait si productif que de longs loisirs pouvaient être réservés à tous les membres de la classe productive, ce qui assurait nettement leur évolution durant chaque période d'existence. La moitié de la terre réservée à la classe gouvernementale et au clergé était cultivée par les travailleurs manuels et ce travail représentait leur contribution envers l'Etat. Parmi les institutions qu'entretenait, dans chaque province, le produit des terres du clergé, on remarquait des collèges centraux d'agriculture et des fermes servant aux expériences, où les professeurs et les élèves s'occupaient sans cesse de l'étude scientifique de l'agriculture ; il était de leur devoir d'améliorer les méthodes de culture, de faire des expériences de croisement de diverses espèces de plantes et d'animaux, de rechercher de nouvelles méthodes pour utiliser les forces naturelles, pour enrichir le sol, etc. Chaque découverte était mise à l'essai dans ces fermes du gouvernement et tous les renseignements recueillis étaient communiqués aux cultivateurs par des professeurs populaires ; des spécimens améliorés de bestiaux, de céréales et de graines étaient distribués dans la provinee et tout ce que la science et l'intelligence éclairée pouvaient imaginer était mis à la disposition de tout le monde et gratuitement communiqué aux travailleurs. On aidait encore aux travaux de l'agriculture en faisant connaître, durant l'année, les époques les plus propices aux travaux des champs et des jardins et l'on avait recours à l'astronomie et à l'astrologie pour prédire les changements de temps, les saisons précoces ou tardives, les conditions magnétiques favorables, etc. Tout ce travail était exigé de la classe des fonctionnaires, à titre de contribution envers l'Etat, plus rigoureusement encore que le travail n'était imposé aux travailleurs manuels, car la pression de l'opinion publique, ainsi que les lois de l'honneur qui étaient admises, empêchaient l'abandon des devoirs publics. — Il existait un principe d'administration qui montre bien dans quel esprit était mené le travail de la nation : aux époques de pénurie de céréales, les terres du clergé étaient ensemencées les premières, ensuite celles du peuple et en dernier celles du roi et des fonctionnaires ; si l'eau manquait, les irrigations étaient faites dans le même ordre. Les enfants, les malades, les gens âgés et débiles, considérés comme les membres les plus faibles de la famille nationale, étaient ceux dont les besoins étaient les premiers satisfaits ; les charges devaient incomber aux aînés et aux plus forts et non aux plus faibles.

Les produits d'un district étaient rassemblés dans des greniers et des magasins centraux pour être distribués selon les besoins, et le mode de distribution variait beaucoup suivant l'époque et la localité. Dans les bonnes années le surplus des produits était mis en réserve pour servir en temps de disette, coutume dont nous constatons le maintien en Egypte aux époques historiques. Cette centralisation des produits d'un district et leur distribution soigneuse permettaient de faire participer tout le monde aux résultats produits par l'amélioration de la culture et par les découvertes minérales, de sorte que toute la communauté profitait du moindre progrès. L'aisance était assurée à tous et la cruelle anxiété que cause la recherche des moyens d'existence était inconnue — cette anxiété qui entretient le désespoir dans l'âme qui n'est pas développée et qui rend impossible l'évolution des qualités supérieures.

L'instruction était universelle, mais elle était adaptée à la vie que chacun était appelé à mener ; savoir lire et écrire n'était pas, comme de nos jours, considéré comme indispensable ; mais à tous ceux qui montraient des dispositions pour l'étude, on enseignait cette base fondamentale de l'instruction et on les envoyait des écoles primaires aux écoles supérieurs ; de cette façon, des enfants nés dans une classe quelconque pouvaient en sortir s'ils avaient apporté avec eux dans le monde des capacités les rendant dignes de s'élever, *mais pas autrement*.

La masse de la population était exercée dans des écoles techniques d'agriculture ou de travaux manuels, suivant les tendances manifestées par chacun, de sorte que les capacités de l'enfant décidaient de son genre de vie, mais dans tous les cas on lui enseignait à fond son métier, de façon à le mettre à même de s'acquitter de ses devoirs avec intelligence et plaisir. Les enfants de la classe gouvernante et du clergé, ainsi que la fleur de ceux de la population ouvrière, garçons et filles, recevaient, après que la base en avait été fortement constituée, une éducation soignée, calculée de façon à répondre à leurs tendances individuelles. L'éducation religieuse, morale et physique était universelle, mais variait de nature suivant les capacités et le travail futur de l'élève et rien n'était épargné pour développer au plus haut degré les facultés intellectuelles morales et spirituelles de ceux qui étaient destinés à diriger et à gouverner la communauté ; on leur apprenait surtout à considérer le devoir comme primant tout et l'abnégation ainsi qu'un rude labeur comme les compagnons obligés d'une haute situation ; cette austère éducation et cette rigueur à exiger l'accomplissement du devoir de la part des jeunes qui devaient être haut placés sont consignées dans la littérature de la quatrième et la cinquième race, et ceux qui s'imaginent que les gouvernants de jadis n'étaient que des oisifs vivant dans le luxe, devraient modifier leurs idées d'après les récits qui existent. Les heures de travail de l'ouvrier étaient courtes, sa vie était exempte d'anxiété et il était libéré de tout travail pénible avant d'être atteint par la vieillesse, mais le chef devait travailler tant que quelqu'un avait besoin de lui, toute la responsabilité du bien-être de la communauté pesait sur lui, et la mort seule déchargeait ses épaules du fardeau de ses devoirs envers son peuple.

*
* *

Si nous nous reportons à cet ancien temps et que nous le comparions avec l'époque actuelle, nous nous demanderons naturellement pourquoi un aussi noble système a disparu et pourquoi l'homme est entré dans une période de lutte. Comme des âmes moins évoluées en vinrent à occuper les fonctions jadis remplies par les Rois Divins et les Initiés de divers rangs, les pouvoirs dont faisaient usage les gouvernants furent prostitués dans des buts égoïstes au lieu d'être consacrés au bien commun. Les gouvernants manquant à leurs devoirs, le mécontentement se manifestant dans le peuple, la tyrannie enfanta la haine, et l'oppression donna naissance à la rébellion. Etait-ce là une phase nécessaire de l'évolution humaine ? Il semble qu'il en soit ainsi ! L'être humain, durant ses premières années, était un enfant et non pas un homme ; il était encore dans la nursery et à l'école et les soucis de l'âge viril appartenaient encore à l'avenir. Entre la phase durant laquelle l'humanité était en enfance et était dirigée, iustruite et exercée par des Maîtres divins et leurs élèves immédiats, et la phase de Virilité divine durant laquelle chacun doit avoir la loi en lui-même au lieu de l'avoir en dehors, s'étend une longue et pénible période de luttes, une période d'espoirs déçus, d'efforts constamment vains, de tentatives avortées, d'expériences se terminant par un échec. C'est une époque de transition, comme celle des premiers jours de la virilité, et l'humanité ressemble au jeune homme ou à la jeune femme qui pensent qu'ils peuvent tout organiser d'une manière satisfaisante en un instant, que la sagesse des temps passés n'est rien auprès de leur profond savoir, que seules la paresse et la stupidité de leurs aînés ont mis obstacle à la destruction de tous les abus et au redressement de tous les torts. Tout le monde a échoué, mais ils réussiront, pensent-ils ; ils résoudront en un moment les problèmes des siècles et dans quelques années le monde sera heureux. De même, les démocraties qui surgissent de nos jours sont très jeunes ; tout ira bien en un instant, disent-elles, si nous nous débarrassons d'un roi ; ou bien tout sera sauvé si on supprime la religion d'état ou concordataire, ou encore, le bonheur est assuré si on supprime les capitalistes. Tout cela est en vérité fort superficiel, comme nous le constatons lorsque notre expérience mûrit et nous reconnaissons que les difficultés que nous éprouvons ont leur source dans le manque de développement de nos propres natures. Ne se pourrait-il cependant pas, qu'au cours de ces luttes mêmes, de ces changements de pouvoir, de ces expériences de gouvernement, de ces échecs des ignorants, fût acquise l'expérience qui placera de nouveau la main du plus sage sur le gouvernail de l'État et fera de la vertu, de l'abnégation et d'une haute intelligence des conditions indispensables pour gouverner? Les passagers ne se succèdent pas à tour de rôle sur le pont pour diriger le navire sur l'océan ; l'habile ouvrier ne confie pas sa machine délicate au badaud ;

le balayeur des rues n'est pas appelé à pratiquer une délicate opération chirurgicale. Il se peut que grâce aux échecs et aux révolutions sociales, faute d'autres moyens, nous apprenions que les fonctions de guide d'une nation, tant au point de vue politique qu'au point de vue économique, ne sont pas le mieux remplies par des ignorants ou des amateurs, mais que ces fonctions exigent les plus hautes qualités de la tête et du cœur.

Il est également probable qu'au point de vue économique cette phase de compétitions et de misères était nécessaire à l'évolution de l'individualité et que l'homme avait besoin de se développer d'abord par la lutte des corps, puis par celle des cerveaux, par la prétention constante de l'individu à piller dans la mesure de ses pouvoirs et des occasions. Il n'en est pas moins vrai que cette phase sera franchie et que nous apprendrons à substituer la coopération à la compétition, la fraternité à la lutte. Nous ne pouvons cependant la franchir qu'en cultivant le désintéressement, la confiance, l'élévation du caractère et le sentiment du devoir, car il nous faut nous perfectionner individuellement, avant que le corps politique dont nous sommes les parties constituantes puisse être lui-même sain.

Pourtant, comment trouver la force motrice susceptible de produire de pareils changements? Tout en nous disciplinant et en nous entraînant constamment, nous pouvons placer sous les yeux de nos compagnons un idéal si sage, si bien étudié qu'il obtiendrait l'assentiment de l'intellect en même temps qu'il satisferait les aspirations du cœur. Nous devons modifier notre estimation de la valeur relative des choses et substituer la richesse intellectuelle et spirituelle aux richesses matérielles comme la mesure de la considération sociale. Ne serait-il pas possible d'amener l'opinion publique à estimer les hommes et les femmes pour la grandeur de leur intelligence et de leur vertu, pour leur abnégation et leur dévouement, et non pas pour leurs richesses ou leur luxe? — de faire de la multiplicité des besoins matériels le signe distinctif d'un développement inférieur et de la vie simple et pure associée à la richesse un titre aux honneurs? Le riche ne pourrait-il apprendre que c'est une manière enfantine d'apprécier l'homme que de baser l'opinion qu'on s'en fait sur son aspect extérieur et non sur sa valeur réelle, sur la quantité de ses besoins matériels plutôt que sur la grandeur de ses aspirations spirituelles? Partout où l'idéal réside dans la possession de biens matériels c'est la lutte qui caractérise la condition sociale, parce que les biens matériels périssent par l'usage et que la possession par l'un exclut la possession par un autre. Les trésors intellectuels, artistiques, spirituels, augmentent avec le nombre des participants dont chacun ajoute quelque chose à la masse. C'est là la raison fondamentale pour laquelle tout progrès dans le sens de la paix et du contentement doit tendre vers l'intellectualité, le développement artistique et la vie spirituelle, et non pas vers la splendeur matérielle et la vulgarité de l'ostentation extérieure. Ces choses sont pour ceux qui ne sont pas développés, les autres pour ceux qui le sont. Comme l'ignorant copiera le plus avancé et l'inférieur le supérieur, l'exemple doit être donné par ceux qui dirigent le monde social et intellectuel. Ils gagneraient du reste eux-mêmes à un changement dans la vie luxueuse qu'ils mènent, car l'excès du bien-être du corps est plus fatal au développement de la nature supérieure que ne l'est l'austère discipline de la pauvreté. L'homme ne doit réclamer du monde extérieur que l'absence de toute anxiété accablante ; le suffisant, et non le luxe ; la beauté et l'harmonie, et non l'ostentation ; des loisirs, et non un travail épuisant ; le temps et les moyens de développer le Dieu qui est en lui, et non le gavage de l'animal.

De plus, nous devons avoir foi dans l'humanité et faire appel à ce qu'il y a de mieux dans l'homme, et non à ce qu'il y a de plus mauvais en lui. Il n'est pas vrai qu'il soit nécessaire d'édifier la société sur l'égoïsme et de compter sur les instincts égoïstes. Ce qui est le plus profondément enraciné dans l'homme n'est pas l'animal, et modeler la société pour les besoins de la brute dont l'homme est en train de se débarrasser, c'est construire sur des fondations qui s'effondrent. Une curieuse preuve de ce fait, c'est que, même pour les hommes dont le moral est peu développé, l'honneur s'impose plus que la loi, et l'opinion publique plus que la législation. Un homme se ruinera pour payer une « dette d'honneur », tandis qu'il cherchera à éviter d'en payer une autre qui serait exigible de par la loi — c'est, à vrai dire, une perversion du sentiment du devoir, mais elle n'en proclame pas moins éloquemment cette vérité importante, que l'on peut obtenir d'un homme, en faisant appel au sentiment des devoirs que lui impose l'opinion publique, plus que l'on n'obtiendrait de lui en employant la contrainte imposée par une loi impersonnelle.

Si le sentiment de l'honneur du devoir envers une classe pouvait être étendu à toute la nation, nous verrions agir au milieu de nous la forme la plus impérative de l'obligation. Le devoir deviendrait la note dominante de la vie, et chacun se demanderait « que dois-je? » au lieu de « que puis-je réclamer avec succès? »

Il semble possible qu'on arrive dans l'avenir même et dans chaque pays, par la lente méthode des insuccès, à une forme de gouvernement dans laquelle le plus sage tiendrait les rênes de pouvoir et où l'on obéirait avec joie aux supérieurs reconnus, ainsi qu'à un système économique dans lequel la fortune serait répartie suivant les besoins. On se basera alors sur cette maxime — la plus noble de toutes lorsqu'elle est exprimée avec amour et non pas due à la haine — « De chaque homme selon ses capacités, à chaque homme selon ses besoins ». Ce qui fût le cri de guerre d'hommes affolés par la souffrance deviendrait l'axiome de distribution dans la famille humaine rationnelle.

Bien certainement, le fait d'exposer des idées comme celles que nous venons de suggérer ici, ne modifiera pas en un instant les conditions sociales, mais aucune amélioration permanente ne peut être obtenue subitement. Pourtant ces idées suivent la voie du progrès, de l'évolution ascendante de l'homme. La majorité des hommes qui vivent aujourd'hui sur la terre sont des hommes de la quatrième race, mais la cinquième, dont la caractéristique est l'individualisme, tient la tête du développement humain. L'aube de la sixième race est encore loin dans le futur et la caractéristique de celle-là sera l'unité et non l'individualisme, la fraternité et non le combat, le désir de servir et non l'oppression, l'esprit et non l'intellect. Or, la tendance innée de l'esprit, c'est le désir de se donner en sacrifice, de ne jamais demander ce qu'il peut prendre, mais seulement ce qu'il peut donner. L'unité fondamentale de l'humanité constitue la vérité centrale de la race à venir, et la nation qui comprendra et pratiquera la première cette grande conception dirigera l'avenir, et l'humanité marchera sur ses traces. Ceux qui la voient, qui l'enseignent, peuvent succomber momentanément, mais leur échec même renferme le germe de l'inévitable succès.

C'est à nous, Théosophes, qui tenons pour vraie l'unité spirituelle de l'humanité, qu'il appartient de mettre nos croyances en pratique en prêchant la paix, la fraternité, le rapprochement des classes, l'abandon des antipathies, la reconnaissance des devoirs mutuels. Que les plus forts rendent partout les meilleurs services, que les plus sages répandent les enseignements les plus élevés qu'ils peuvent ; que tous soient désireux d'apprendre et prêts à participer à l'effort commun, et, ainsi, nous hâterons la venue de jours meilleurs et nous préparerons le terrain de la race future.

SAINT-AMAND (CHER). — IMPRIMERIE BUSSIÈRE.

www.ingramcontent.com/pod-product-compliance
Ingram Content Group UK Ltd.
Pitfield, Milton Keynes, MK11 3LW, UK
UKHW012242240726
13966UKWH00003B/1247

9 782013 543279